근황 · 독거시편

지성.감성의 메타언어
조선문학사시인선917

근황 · 독거시편

박 진 환 제473시집

조선문학사

■ 책머리에_시인의 말

더 좋은 시로 마무리하고 싶어

    근황·독거시편은 근래 몸소 겪으며 살아오고, 살아가고 있는 삶의 체험적 시편들이다. 그 때문에 삶의 현장성이 강하게 노출돼 있고, 삶의 공시적이고도 통시적 기록들이라 할 수 있다.
    가능한 한 체험 자체를 중시했고, 레토릭보다는 체험이 수반하고 환기시키는 삶에의 충실에서 시를 출발시키고자 했다. 그러면서도 체험적 기록이 아닌 체험의 재구성을 통한 형상이고자 노력했다.
    독거시편은 단독자가 체험해야 했던 삶이 수반하는 고독과 절망 같은 것을 여과 없이 진술하면서도 이를 극복하고자 한 긍정적 삶에로의 돌진이기를 희망했다.
    근황시편은 단독자 의식이 체험해야 했던 새로운 삶에의 절망과 좌절을 그때그때 체험한 대로 형상화했다. 그 때문에 시의 긴장이 풀려 있고 루즈함을 떨쳐버릴 수가 없었다.

이런 소이로 해서 시의 진술성에는 기여했지만 시법에는 미치지 못했던 것 같고, 시법이 없는 시가 되고 말았다.

  시법에의 충실이 좋은 시를 탄생시킬 수 있다는 것을 알면서도 평범한 진술로 엮어내는 시에 대한 무력감 같은 것을 떨쳐버리지 못했다. 이 점에 대한 아쉬움을 자인하면서 앞으로 더욱 좋은 시를 쓰기 위해 시법에의 충실을 다짐해 본다. 삶의 모든 것들을 보여 준 것 같아 한편으로 홀가분하고 다른 한편으로 가려야 할 부분을 노출한 것 같은 느낌을 잘라내지 못한다.

  건강이 허락하면 더 좋은 시로 마무리하고 싶다.

2024. 盛夏

저자 씀

근황 · 독거시편 차례

책머리에_시인의 말 / 5

제1부
근황시편

근황시편 · 1 / 13
근황시편 · 2 / 14
근황시편 · 3 / 16
근황시편 · 4 / 18
근황시편 · 5 / 20
근황시편 · 6 / 21
근황시편 · 7 / 22
근황시편 · 8 / 23
근황시편 · 9 / 24
근황시편 · 10 / 26
근황시편 · 11 / 28
근황시편 · 12 / 30
근황시편 · 13 / 32
근황시편 · 14 / 34
근황시편 · 15 / 35

근황시편 · 16 / 36
근황시편 · 17 / 38
근황시편 · 18 / 40
근황시편 · 19 / 42
근황시편 · 20 / 44
근황시편 · 21 / 46
근황시편 · 22 / 48
근황시편 · 23 / 50
근황시편 · 24 / 52
근황시편 · 25 / 54
근황시편 · 26 / 56
근황시편 · 27 / 58
근황시편 · 28 / 60
근황시편 · 29 / 62

제2부
독거시편

독거시편 · 1 / 65
독거시편 · 2 / 66
독거시편 · 3 / 67

독거시편 · 4 / 68
독거시편 · 5 / 70
독거시편 · 6 / 72
독거시편 · 7 / 74
독거시편 · 8 / 76
독거시편 · 9 / 78
독거시편 · 10 / 80
독거시편 · 11 / 82
독거시편 · 12 / 83
독거시편 · 13 / 84
독거시편 · 14 / 86
독거시편 · 15 / 88
독거시편 · 16 / 89
독거시편 · 17 / 90
독거시편 · 18 / 91
독거시편 · 19 / 92
독거시편 · 20 / 94
독거시편 · 21 / 96
독거시편 · 22 / 98
독거시편 · 23 / 100
독거시편 · 24 / 102
독거시편 · 25 / 104

독거시편 · 26 / 106
독거시편 · 27 / 107
독거시편 · 28 / 108
독거시편 · 29 / 110
독거시편 · 30 / 112
독거시편 · 31 / 114
독거시편 · 32 / 116
독거시편 · 33 / 118
독거시편 · 34 / 120
독거시편 · 35 / 122
독거시편 · 36 / 124
독거시편 · 37 / 126
독거시편 · 38 / 128
독거시편 · 39 / 130
독거시편 · 40 / 132
독거시편 · 41 / 134
독거시편 · 42 / 136
독거시편 · 43 / 137
독거시편 · 44 / 138

제1부
근황시편

근황시편 · 1

주말 연 3일을 문밖출입 안 했더니
세상과 두절, 캄캄함이 에워쌌다

두어 차례 아이들 방문과 전화 외엔
독거의 칩거엔 단절의 벽만 높았다

신식 휴대폰이면 뉴스도 노래도 골라 듣고
다양한 프로도 벗하겠지만 내건 순구식이다

일기예보 외엔 다른 기능은 활용할 줄 모르고
카톡도 문자 메시지도 소용이 안 된다

시간 지루해 창밖을 내다보면 행복을 동행하는
발걸음과 차여 도망치는 불행이 보인다

이런 궁리 저런 궁리로 시간을 때우다
하루를 접으면 창밖 어둠에 둘러싸여 영어된다

온 세상이 어둠으로 채워지고
외로움을 짊어진 독거가 계단을 오른다

근황시편 · 2

찾아오겠다는 지인이 있으면
반가움보다 먼저 궁금증이 앞선다
'무슨 볼일이 있을까?'
? 뒤에 여러 추측들이 다투어 이어진다

피학의식이다
혹여 반갑지 않은 요구에 대한
의구심이다
순수가 퇴화해 버렸거나 변질되었음이다

여러 대처수단을 강구해 본다
이 무슨 점잖지 못한 생각인가
순수가 때 묻은 소이가 아닌
세상이 이쯤 더러워졌음이다

허긴 뜬금없이 찾아오겠다고 하면
필시 내막이 있기 마련인 게
살아오면서 겪은 경험치다
반가움보다 그 반대의 경우가 더 많았던 소이다

지인의 내방에 이런 식이 되어버린
오염되고 얼룩진 경계의식
어지간히 때 묻었음 아니겠는가
달갑잖은 내방에 ?가 빨갛게 찍힌다

근황시편 · 3

초등 동창이자 집안으론 항렬이 높으신 분의
내방을 받았다
반가웠지만 내심 무슨 보따리를
내놓으실까 상상력이 앞섰다

방문의 소이는
높으신 분의 동생이신 하버드 경제학 박사
한국 1호이신 석학 박윤식 박사의 묘역에
시비를 세우고 싶다는 제안이셨다

아차, 나도 이놈의 세태에 어지간히 물든
물신시대의 속물이 다 되었었구나
반가운 분을 반가이 맞기보다
풀어놓을 보따리에 관심했다니

어찌 내 탓뿐이겠는가 마는
피해의식에 잘 길들여진 이 땅의
수치를 드러낸 것 같아 부끄러웠다
기꺼이 시를 써드리겠다고 동의했다

아직 세상 병들지 않은 부분도 있는 것을
좋은 시로 묘역에 세워진 시비가
살아있게 하고 싶다, 살아있어
시비의 이마에 피가 돌게 해드리고 싶다

근황시편 · 4

영하권에서도 견딜만했던 잠자리가
영상의 기온인데도 추웠다
마음에 의지가 없었음이거나
의지할 마땅함이 없었음이었을 듯

내 겨울나기 방식대로 한 겹 두텁게
방한복의 두께로 차가움 면했고
따뜻한 잠자리에
지인 맞이 꿈까지 꾸었으니 단잠이었던 듯

35여 년을 한 호의 결호도 없이 버텨온
『조선문학』 접는 일로 마음이 추웠던 듯
여러 조건, 정황으로 지금이 딱 적기
더 이상은 허락지 않는 늙음이라니

모든 것은 다 바닥이 났고 남은 것은 오직
마음으로 간직할 수 있는 사랑뿐
사랑으로 간직할 수 있을 때가
그중 행복한 때가 아닐까

사랑 떠나보낸 처지로 다른 사랑 지녔었다니
『조선문학』도 내 절대 사랑이었던 셈
접는다고 생각하니
보낸 사랑만큼이나 마음 시리구나

근황시편·5

딱히 갈 곳도 없지만
오란 곳 또한 없다
그리움 동행하고 나선 발걸음이
에덴 파라다이스를 다녀올 뿐이다

축지법 익힌 적 없고
둔갑술 터득한 적 없으니
마음으로 다녀올 뿐인 나들이
에덴 파라다이스

할 일 없으면 부질없는 짓일 줄 알면서도
창가를 서성거려본다
지나가는 발걸음들이 찍고 가는 발자국
건강한 나들이들이 부러울 뿐이다

앉아서 천리를 돌아오는
노독을 달래며 벗하는 한 잔의 커피는 달고
그리움이 초청한 외로움이 함께 자리한다
한가한 날의 내 주말이 이러하다

근황시편 · 6

별 할 일 없이 하루를 잘 쉬고도
입버릇처럼 "아이고 힘들어"를 되풀이한다
아무 할 일 없이 하루를 버티기도 힘겨운 일
무료가 내뱉는 말이 "아이고 힘들어"일 듯싶다

할 일 있어 부지런 떨고 즐거움으로
하루를 보냈다면
"아이고, 하루 잘 보냈다"라 안 했겠는가
허니 무료가 힘들었음이었을 듯싶다

할 일 없이 빈둥대며 보낸 하루의 지루함이
맛보게 하는 "아이고 힘들어"
이러다 "늙으면…"와 함께 입버릇 안 될지
독거에 얹혀사는 무료가 이러하다

하루 살기가 이러하니
하루하루의 고달픔이 사치나 아닐지
"아이고 힘들어" 별 힘들 것도 없는
엄살이 되어버린 하루치의 근황이 이러하다

근황시편 · 7

시골 사촌동생이 한 말이었다
할머니는 손주놈을 얻어 보실 때마다
"이놈아, 읍에 가거든 죽는 약 좀 사다줘야"
하셨단다
며칠 후 들러
사온 눈깔사탕을 드렸는데
한 알도 잡수시지 않았더란 일화다

입버릇처럼 뇌는 내
"늙으면 어죽"도 그런 거나 아닐지

근황시편 · 8

요즘 들어 부쩍
"늙으면 어쭉"을 입버릇처럼 뇐다
필름이 끊겨 깜박했을 때마다
내뱉는 말이다

영문을 모르는 딸애는
"어죽 잡수시고 싶으세요" 한다
답인즉
"아니다, 그 반대다"

근황시편 · 9

30여 년 만에 지령 392호를 끝으로
『조선문학』을 접게 됐다
어찌 만감이 교차하지 않겠는가
힘들고 역겨웠던 일
죽을 둥 살 둥 헐떡이며 온 열성을 다했던 일
생의 보람으로 자부하며 최선을 다했던 일
간 아내에게 미안했던 일
제자의 배신으로 속상했던 일 등등

이제 등등에 한짐이었던 짐을 벗어버리니
살 것 같다
하루하루 긴장으로 보내야 했고
자잘한 일에 허덕여야 했고
이것저것 혼자 힘으로 처리해야 했던 일들을
부려놓으니 이리 여유롭고 한가한 것을
무슨 보람이 있다고 그리 헐떡였던지
후회는 아니지만 자랑도 아니다

마음 다잡고 차분하게 헛발질 없는
성실함으로 남은여생 살아가고 싶다

꼭 해야 할 일엔 배전의 노력으로
접어야 할 노욕은 가차 없이 버리고
분수 밖의 것 멀리하며 즐기는
안분지족이 내 몫일 듯싶다
주어진 몫 즐기며 무탈한 하루하루이길

근황시편 · 10
- 치통

뿌옇게 안개 끼고 답답했던 시력
다소 회복되는 듯싶어 좋아했더니
두동치활의 이마저 흔들리는 치통앓이
늙음으로 접어버리기엔 짜증스럽다

욱신욱신 되풀이되는 통증도 통증이지만
오른쪽 얼굴은 물론 목까지 병발하는
치통은 고통이 아닐 수 없다
절래 내뱉느니 '에이 재수 없어'다

날씨의 더위에도 짜증 못 면하는데
구열(口熱)로 불 먹은 입은 아구창
인내의 한계라도 시험하듯 욱신 화끈의
되풀이가 질리게 한다

신명난 일이라고는 없는 독거 삶에
치통까지라니 살맛인들 나겠는가
말끝마다 통징(痛懲) 입에 올렸더니
시의 복수가 아닌 복수의 치통의 통징일 듯싶다

입을 화의 출입구라 했던가
들어오고 복은 도망치고
복 대신 들어오는 화 치통
입방정 조심하란 뜻인 듯싶어
질근질근 어금니만 깨물어본다

근황시편 · 11

하루하루가 삶에 쫓기기 아니면
매달리기다
여윤들 있겠으며 한간들 있겠는가
다람쥐 쳇바퀴 돌리듯
삶의 구심력에 매달려
매일을 뺑뺑이 궤적 못 면한다

맘 따로 삶 따로
따로따로따따로
늘그막에도 일어서지 못하는 팔자라니
일어선단들 제자리걸음 면하겠는가
마음으로 왕 늙은인데
삶으론 유치하기가 어린애 차원이다

산다는 게 고리타분한
버려도 시원찮을 것들과의 씨름
어질러 놓기만 하고 치우지 못했으니
지저분하기가 꼴이 아니다
어디서부터 손을 대고 뗄 것인지
순서도 없는 것들 앞에 하고 따분할 뿐

떤다고 떨었던 깔끔에도
치우지 못하고 버리지 못하는
어수선한 잡사(雜事)들이
잡사(雜思)로 골머리를 앓게 한다
마음은 매일 버리기 연습인데
쌓여가느니 잡잡(雜雜)에 착잡뿐이다

근황시편 · 12

가능한 대로 삶의 울타리를 좁힌다
많은 일 있어 봤자 힘겨워 싫다
주어진 만큼 욕심 없이 적당히
안분지족이 요즘 나름의 삶의 방식이다

서두를 것도 없고 서둘러 보았자
신통할 것도 없다
실수 없이 헛발질 없기가
나름으로의 다짐이다

지인들 소식 주면 감사하고 즐겁고
없으면 없는 대로 침묵 또한 싫지 않다
헛소리로 떠들기보다 점잖고
분수값 하는 것 같아 좋다

어쩌다 청탁이라도 들어오면
거절 없이 성실하게 쓴다
쓴다는 일마저 없다면 그건
나를 버리는 것이기 때문이다

지인들에게 폐업하지 말라고 부탁한다
폐업은 곧 인생 폐업이기 때문
컴맹인데 손글씨 고달프지만
쓰는 일감 반가이하며 산다

근황시편 · 13

요즘 지인들의 소식이 뚝 끊겼다
요구한 일들이 있었거나 내가
들어주지 못했던 때문일 듯싶다

몇 가지 건의들을 받았으나
너무 늦었다는 것을 알았고
내 분수밖이란 것도 알았다

어찌 마무리 아름답게 할 용심들 없겠는가
나름으로 욕심 접고 최선의 마무리를 챙긴다
책도 정리하고 공간도 정리해 넓힌다

내게 소용되는 것 외엔 눈에도 귀에도
마음에도 담지 않는다
담지 않는 일이 담는 일보다 더 귀함을 배운다

배운 만큼 귀한 대접을 받는 일
쉽지 않지만 최선을 다해
나를 버린다

버린 만큼 남은 것을 얻는다
그것이 내 몫이란 걸
철들면서 배우고 익힌다

근황시편 · 14

매일 매일이 되풀이다
새로운 것 없이 기존의 것대로
무탈하게 하루하루를 끝내는 것이 다행이다

힘든 세상 독거로 살아가면서
무탈이면 최상의 다행
다행이 어디 그리 쉽던가

늙으니 소외 돼선지 전화 잦지 않고
소식 끊긴 대로 잘 지낸다
우선 조용해서 좋으나 다소 쓸쓸하다

다행히 쓰는 일 지속할 수 있고
있어 1당대로 마무리하면 즐겁다
일하면서 즐거워할 수 있다는 것 또한 다행이다

무탈 겹치고 다행 겹치기면
살만하단 뜻
살맛 안 나는 것보다 나으니 이 또한 다행이다

근황시편 · 15

외국계 갭 계열회사인 베트남 유진의
책임자로 나가 있는 며늘아이가
엊그제 상무로 승진했단다
능력도 있고 용기도, 도전 정신도 있어
기대는 했으나 최연소 상무라니
자랑스럽기도 하다

큰딸에 둘째는 유펜 의학전문대학원
장학생이다
둘째딸은 독립문 우편취급국장이고
아들은 꽤 잘나가는 교회 담임목회자
며늘아이는 상무
다들 전진하는 모습을 지켜보는 것이 즐겁다

다만 나는 나아가지 못하고 제자리걸음
더 바라기는 능력 밖
나름의 안분지족이면 편한 삶 아닐지
아직 쓸 수 있는 의욕 지녔고
의욕 좇아 쓰고 있으니 머물러 있음은 아닐 듯
해서 아이들 대열에 나를 끼워 세워본다

근황시편·16

아침 집을 나설 때
어머니의 사진을 올려다보며
"무탈하게 다녀오겠습니다"
아내의 사진을 올려다보면서는
"오늘도 잘 다녀오리다"가
빼놓지 않고 하는 내 아침 인사다

하루를 마치고 돌아오면 역시
"잘 다녀왔습니다"
"잘 다녀왔소"가 귀가 인사다
물론 마음속으로 하는 인사다
침묵으로 잘 길들여져서인지
스스럼없이 잘한다

내 인사법이 밝아서가 아니다
어머니와 아내가
지켜보고 있는 것 같아
나도 인사로써 답한 셈이다
나는 어머니와 아내를
이 세상에서 가장 사랑하는 여인으로 섬긴다

섬김의 법도는 따로 없다
하루를 성실하게
헛발질 없이
무탈하게 보내기 위해 다짐을 겸한
내 인사법이다
인사하는 것이 하루치의 일과이고 행복이다

근황시편 · 17

그간 5~6년 삼갔던 술을
요즘 한두 잔씩 한다
한대야 주정이 섞이지 않은 청주 한두 컵
그것도 술이라고 딸애는 "너무 잦다"는데
내딴엔 술도 아닌 맛보기라며
한두 컵을 마신다

일을 많이 해 피곤한 때는
술기운으로 회복이 좀 빠르다
그 맛에 1주에 두세 번을 마신다
단 한모금도 금주하던 때에 비하면
술꾼이 돼버린 차원이다
내심 이러다를 되풀이한다

너무 외롭거나 단조로운 삶에 지친 모양이다
해서 술기운에 의지하지나 않는지
내심 경계하면서도 술이 당긴다
허긴 그간 잘 참고 견디고 조심했다
이제 한두 잔쯤 즐기며 살고 싶다

술이 아닌 약으로 알고

제법 술병이 늘어간다
막걸리 두 컵을 들고 남은 것을 가져오기 때문이다
딸애는 이걸 보고 매일 술로 사는 줄 안다
헌데 아니다 버리고 오기에 아까워 가져온다
그런데 며칠 지나면 한 컵의 맑은 술을 얻는다
그것이 요즘 내 주법이다

근황시편 · 18

구정 안부 나눌 겸 평소 격조했던 친척
지인에게 전화를 했더니 모두들 건강이 문제다
대부분 출입불가에 허리 디스크에
이런저런 지병으로 살맛을 잃고 사는 것 같고
더러는 치매라는 전언도 있어
씁쓸하다

한편으론 아직 성히 걸어 다닐 수 있고
즐기면서 쓰는 일 있고
아내가 남겨 주고 간 유산 그리움 있어
하늘에도 띄워 보내보고
외로움 있어 스스로를 돌아보는 등 간 아내의 덕을
복으로 누릴 수 있어 다행으로 알고 살아간다

며늘아이가 외국에 나가 있어 떡국도 얻어먹지
못했지만 딸애가 딸·며느리 역까지
겸해주고 있어 그 또한 복으로 알고 누리고 있다
구정이라고 고향 형제들한테도 전화안부
받는 아우들마다 미안해한 걸 보면
우애도 복으로 지닌 듯싶어 흐뭇하다

모두를 어머니덕, 아내덕으로 알고 감사하며 산다
감사하고 살면서 죽일 놈, 개자식 말
듣지 않고 살아온 것에도 감사한다
자랑할 것도 없고 부끄러워할 것도 없으니
평준치 유지하고 산 셈
그 평범한 삶을 분수로 알고 안분지족으로 즐긴다

근황시편 · 19

오늘도 무탈하게 잘 보내진 하루에
감사한다
어머님과 아내에게도 감사하고
그럭저럭 잘 지탱하며
빼먹지 않고 하루하루 건져내는
언어 수확에도 감사한다

수확이란 게 글쟁이에게는 쓰는 일이다
몇 편의 시가 건져지면
감사와 즐거움을 함께 맛본다
좋아서 하는 일이니 즐거움과 함께
보람도 느낀다
늘 복이 무망지복으로 주어진 것에도 감사한다

어쩌다 보니 감사밖에 남는 게 없다
단 감사에 값할 만한 것인지에 대해선
더 두고 봐야 할 것 같다
두고 본다고 달라질 건 없을 것 같고
평소대로 감사만 남았으면 싶은 게
바람이다

무탈과 늦복, 더 바라 무엇 하겠으며
바란다고 더 주어질 것 같지도
더 챙길 것 같지도 않다
분수껏 누림인 안분지족
공자의 사절(四絶) 차원은 못 돼도
노욕·망상·헛발질·곁눈질 절(絶)하며 산다

근황시편 · 20

지인들은 무슨 시를 그렇게 많이 쓰냐고 한다
쓰고 싶어 쓰나, 돈이 생겨서 쓰나
보람이 있어서 쓰나
이 짓이라도 하지 않으면 인생 폐업 같아서
폐업 면하려고 쓴다

배운 것이 도둑질이라고 배우고 익힌 것이
쓰는 일뿐이니 달리 할 짓이 없어
배우고 익힌 대로 시를 쓴다
시라기보다 시 나부랭이가 더
적절할지도 모른다

영감도 없이, 미적 감동이나 체험도 없이
어떻게 쓰느냐고?
모르시는 말씀이다
그런 고급스런 시를 쓰려면
함부로 매일 갈겨 쓰겠나

시가 돼도 그만 못 돼도 그만
달리 할 짓이 없어 하는 일

할 수 있는 일 있으니 짓는 짓 다행 아닌가
내게 있어 시 짓는 짓거리가
밭을 갈아 농사를 짓듯 내 경작일기다
고급일기가 내 차지라면 시란 게
시시하거나 폐품차원이기 때문이리라

근황시편 · 21

오래전부터 방 정리를 계획했다
추위를 지난 뒤로 미뤘다가
몸이 따라줘서 정리에 들어갔다

창고로 쓰던 일부를 복원하는 일
뭐부터 먼저 해야 할지 난감했다
당초엔 수리는 생각도 못 했던 난공사다

혼자서 하는 일은 힘겨웠고 수고스러웠다
무거운 물건을 옮기는 일이며
젊었을 적 박았던 못은 늙은 힘을 거부했다

진척은 느리고 할 일은 많고 답답했고
따분했고 짜증스러웠다
미룰 일이 못 됐다, 결국은 내 차지였기 때문

3일 만에 마무리를 했다
온몸이 아팠고 늙어서는 할 일이 못 됐다
책장을 옮기는 일, 책을 정리하는 일
젊었을 적엔 자랑스러웠고

장서가 늘어갈수록 신명이 더했으나
정리할 때는 버리기를 더 많이 해야 했다

헌집에서 사는 연고로 반 목수
어지간히 잘 해냈으나 늙으니 힘이 달렸다
끙끙 몇 밤을 앓았다

근황시편 · 22

하루의 대부분을 침묵으로 보낸다
말할 상대가 없으니 꽤나 자연스럽다
말 대신 생각을 많이 한다
생각이라 해봤자 잡사(雜思)들이다
내 잡사시편(雜思詩篇)들은
침묵의 산물들이다
형상으로 잘 꾸려지면 취하고
그리 안 되면 버린다
시편 수가 많아지는 소이다

어떤 것은 꽤나 괜찮은 것도 있고
어떤 것은 말 그대로 잡생각이다
사물로 치면 괜찮은 것이 꽃이라면
잡것은 잡초쯤이다
책이라도 읽으며 시간을 보낼 수도 있지만
늙으니 읽는 것도 귀찮다
읽어 새긴들 뭘 하며 어디다 써먹겠는가
있는 것이나 써먹기로 한다
늙으니 편한 것 취하기를 좋아한다

홍얼홍얼 노래도 곧잘 한다
메아리 없는 침묵으로 부르는 노래지만
제법 청승가락으로 감긴다
주로 간 아내를 생각하며 부른다
더러 쓴 가사에 곡도 얹어 보고 불러도 본다
썩 좋은 노래가 될 듯싶은 생각도 든다
침묵에도 도가 있다면 가 닿을 법한
해서인지 홍얼홍얼이 싫지 않다
다 외로움이 소이지만 달리 무엇을 하겠는가

근황시편·23

다른 것은 몰라도 다리만은 성해
워킹엔 누구보다 자신감을 가졌었는데
소이로 무악재 고개를 걸어서 넘나들었는데
요즘 무거운 다리가 질질 끌린다
온몸의 체중이 다리에 실려 행보가 고르지 못하다

늙으면 어쩔 수 없는 육신의 퇴화
난들 무슨 수로 예외이겠는가
걸어 넘는 고개 자랑하며 건재 과시가
이리 허망케 무너지다니
심사 편치 못하다

소싯적 어른들 뒷짐 지고 걷는
느릿느릿한 행보를 양반걸음이라 했었는데
늙은 소이로 절로 손이 뒤로가
팔자걸음이 됐던 것을
늘그막에사 체험으로 터득했다

언제부터인가 노령의 걸음걸이 지켜본 유심
제대로 걷는 이 드물었다

그런 대로 내 걸음걸이 괜찮은 편 했더니
망구에 무슨 장사 있던가, 무거운 발걸음에
노구와 함께 인생의 무게가 업힌 것을

근황시편 · 24

늙으니 매사 더듬대고 어수룩하고
어리버리에 똑똑한 짓이라곤 없다
그럴 때마다 스스로에게 하는 말
"병신"

스스로가 스스로에게 "병신" 하면
성하지 못하다는 뜻이니
고물이 다 되었다는 뜻이다
물건으로 치면 버릴 일만 남은 셈이다

많이 살았고 소이로 늙고 낡고
병들고 쓸모없이 됐으니 인생 폐품
스스로에게 버림받을 만
옛날 식으론 고려장 감이 됐음이다

딴엔 똑똑하게 군다고 바짝
정신도 차려보지만
제정신 지니지 못했는데
똑똑하길 바라겠는가

늙으니 매사 민활하지 못하고
어리석고 굼뜨기가 병신스럽다
행동이나 마음이나 정신이나 육신이나
병들지 않은 것이 없다, 허니 "병신"이 맞다

근황시편 · 25

몇 그루의 보잘것없는 화분을 기르면서
지난겨울을 이겨내 준 것에 아침마다
고마움을 표한다
백열등을 일찍 켜 햇볕이 들 때까지의
공간을 메워주며 "햇볕 대신이다"
대화를 한다

그래야 할 이유가 딱히 있는 것은 아니다
그래야 마음이 편하기 때문이다
편한 마음이 자연성이나 아닐지
문명의 이기가 내 독거공간엔 없다
구식생활에 몇 그루
꽃이 핀댔자 초라한 화분이 있을 뿐이다

죽었으려나 했던 분에서
새싹이 돋아나면 반가움이라기보다
희열감을 느낀다
'살아있었구나', '고맙다'
아침마다 향일성으로 유리창으로 기우는
분을 바로 잡아주며 '잘 자라는구나'

봄 되자 쑥쑥 자라는 생명력에서
생동감이랄까, 생명에의 경외랄까를
체험하며 함께 생명한다
물을 주기도 하고 낡은 잎을 다듬어 주기도 하며
하찮고 하잘것없는 일과 아닌 일과로
하루를 여는 첫 페이지를 빙그레로 장식한다

근황시편 · 26

눈 뜨자마자 약사의 지시대로
약을 먹고 아침운동 1시간여를 시작으로
하루를 연다

아침을 챙기고 2층 사무실로 내려와
하루치의 시편들을 손 보고 나면
딱히 할 일이 없다

점심때가 되면 단골식당에서
매식을 하고 서둘러 출입처인
신촌 세브란스병원으로 향한다

일과를 마치면 독립공원에 들러
이것저것 기웃대며 언어의 먹잇감이
없는지 찾는다

다행히 한 컷 재단하면 나름의 신명으로
무악재 고개를 제법 힘차게 걸어서 넘는다
고개란 게 쉬어가야 넘는 맛인데 그런 맛은 없다

3시쯤에 사무실로 돌아오면
스케치도 되고 한 장의 컷도 되는
재단해온 메모지를 펼친다

한 편 건졌다 싶으면 신명에 값한다
잔잔한 감동을 체험하며
소중한 수확이라도 챙긴 것처럼 기분이 업 된다

열었던 하루는 이렇게 마감된다
무탈하게 보냈으니 감사할밖에
내 근황이 이러하다

근황시편 · 27

위장출혈 진단으로 1개월여를
치료하면서도 불안했다
다행히 투약종료와 함께
변색이 정상으로 돌아와
출혈은 멎은 것으로 결론이 났다

몸가짐이 가벼워지고
워킹에 자신감이 생겨 스텝 꼬이지 않고
무악재 걸어 넘기도 한결 쉬워졌다
회복된 건강의 징후다
알레르기 비염도 그런대로 견딜만하다

찌뿌둥한 날씨처럼
걷히지 않던 불안감에서 해방되면서
기분은 날날라다
목소리가 굵어지고 생동감 같은 것이
감으로 느껴진다

깜박깜박 잊는 망각증만 바로 잡으면
될 것 같다

한두 가지쯤이야 망구의 몫이니 어쩌겠는가
하루하루 무탈에 감사할 수 있으면 그뿐
더 바람이 없으니 회오리바람이야 있겠는가

근황시편 · 28

또 발치(拔齒)를 했다
두동치활(頭童齒豁)이 아닌
백백발치치활(百白髮齒齒豁)이다

안 그래도 굳은 몰골 못 풀고 살아왔는데
웃고 싶어도 웃을 수가 없으니
웃음마저 접고 살아야 할 형편이다

형편뿐만이 아니다
씹는 맛이 있어야 먹는 맛 있고 먹는 맛 있어야
사는 맛도 있는 법, 사는 맛도 접어야 할 판이다

그간 잘 써먹었으니 고마우나 억울하다
훔쳐 먹고 빼앗아먹은 적 없는
분수껏 먹고 살았는데 억울하다

먹고 싶어도 씹고 싶어도 우물우물
삶도 따라 우물우물이면
삶마저 구차스러울 판

판 이러한데
무슨 신명인들 있겠으며 있단들
씹히는 맛이라도 있겠는가

근황시편 · 29

되풀이되는 그날그날
특별한 것도 신명날 것도 없는
주어진 대로 그날그날을 살아간다

다행히 아직 할 일 있어
즐기며 할 수 있고
마다않고 할 수 있어 그날그날 살아간다

산다는 게 어떻게 살아야 삶다운 삶인지
알 수도 없지만 안단들 그리 살아지던가
선인들도 알지 못한다고 미지생 안 했던가

하루하루 탈 없는 무탈이면 분수껏 사는 삶
분수 밖의 삶 욕심하지 않았음이니
어찌 다행 아니겠는가

근황이란 게 따로이 있지 않고
하루하루 버티고 견디고 즐길 수 있다면
그것으로 하루치의 삶에 값함일 듯싶어서

제2부
독거시편

독거시편 · 1

또 하루를 접는다
접힌 페이지엔 아무것도 기록된 게 없다
특별히 기록할 만한 일이 없었음이고
무탈했다는 뜻을 담고 있다

공적인 업무는 충실히 끝냈다
접힌 하루에서 시작되는 사적인 삶은
독거공간에서 펼쳐진다
침묵에서 침묵으로 이어지는 사유의 시간이다

여러 집사들이 모여든다
이것저것 고르다 신명에 못 미치면 접어둔다
바꾸어 모음(慕吟)으로 이동한다
그도 건질 것이 없으면 다시 이동한다

독거, 나와 내가 마주한다
침묵 외엔 달리 할 말이 없고
있다손 쳐도 상대가 없다
타인의식의 낯선 나와 내가 마주할 뿐이다

독거시편·2

이것저것, 이 일 저 일
처리하고 마무리해야 할 잡다한 일들
대신해줄 사람 없는 독거
직접 혼자 하는 일이 쉽지 않다
그럴 때마다 "힘들다"를 입에 달고 산다

처리도 처리지만
해치우고 치워도 또 생기는 일들
만사 귀찮고 지겨울 때마다
뇌는 "힘들다"는 독거의 변일 듯
마다않고 그때그때 해치우던

지칠 줄도 지겨워할 줄도 미룰 줄도 몰랐던
즉각 진행형의 당당함은 어디로 갔을까
매사 자신이 없고 귀찮고 지쳐
힘겨울 때마다 내뱉는
늙은 푸념 "힘들다"가 요즘 주어

독거시편 · 3

고독이란
우리들의 마음속에서 죽어버린 것들이 사는
무덤

무덤 앞에
석비를 세운다면 무슨 말을 새겨
돌의 생애를 살아있게 할까

썩지 않는 시체 고독을 지키는
나는 무덤지기였다가
묘비명으로 새겨져 있었다

독거시편 · 4

주말, 청탁 원고 탈고와 함께
찾아오는 고적감
소환이듯 도지는 주말 증세다

삶이 독거신세니 어찌
정서 따로 삶 따로겠는가
고적함 벗하고 사는 수밖에

전화라도 해 풀고 싶지만
딱히 할 상대도 할 말도 없다
딱히 딱함이란 걸 새삼 깨닫는다

할 수 있는 일 있으면 좋고
좋아서 하는 일이면 더 좋고
더 좋은 줄 알면서도 끝내면 허전이다

시작했으니 끝냄도 다행
다행인 줄 알면서도 달리
면할 길 없는 고적이라니

독거의 삶이 그러한 것을
면하고 살 수 없는 것이 독거인 것을
독거가 독한 고독(苦毒)인 것을

독거시편 · 5

하루라는 삶 속으로 나를 내보낸다
하루를 마무리하면
텅 빈 독거 공간인 내 방으로 다시 올라온다
보일러는 틀지 않지만
온수매트의 온기가 은은해서 좋다
조용히 앉아 무탈했던 하루에 감사한다
그리고는 사진으로 곁에 계신 어머님의
은혜와 간 아내의 희생에 감사한다
바라는 바가 없었으니 이루어진 것 또한
있을 리 없다

매일 하루도 빼놓지 않고 내가 하는
일과가 몇 개 있다
하나는 풍시조 10편과 일반시 2편을 쓰는 일
대부분 뜻대로 잘 해내고 있다
다른 하는 딸을 돕기 위해 1시에서
2시 반까지의 봉사다
힘 드는 일이 아니어서 싫단 생각 없이 잘 한다
그리고는 자유시간
이것저것 정리하면 마감하는 하루다

잠자리에 들기 전 두어 시간
독거의 대부분이 할애된 이 시간이 내 몫
나와 내가 만나는 시간이다

독거시편 · 6

독거처럼 더러운 삶이 또 있을까
사는 것이 아니라
죽지 못해 살아가는
거지같은 삶이 독거다

거지는 밥을 빌어먹고 살지만
독거는 목숨을 구걸하고 산다
빌어먹거나 구걸이 다르지 않지만
삶의 조건이 더 천덕스럽다

살아있는 한 못 면하는
꾀죄죄한 몰골하며
그것도 삶이라고 흉내인지 충실인지
떠는 부지런이 그리 못나 보일 수가 없다

아무리 손질해도 귀티라고는
씨가 말라버린 빈티며
두동치활의 험상궂음이라니
살맛은커녕 제 정나미에 멀미할 지경이다

세월이 약이란 옛분들 말씀도 허사
약발 유효기간 넘긴 지 오래 병 벗하고 사는 일로
약도 벗하고 의사하고도 친하고 사는 꼴이란 게
종합병원 차원, 독거의 삶 살맛나면 웃기지

독거시편 · 7

아프다 아프다 하면서도
눈앞에 일 두면 처치해야 직성이 풀리는
부지런보다는 성질머리가
지혜롭지 못함 때문일 듯한

느긋함도, 여유로움도 더러는
게으름도 지혜가 될 수 있는
몸을 아낄 줄 아는 것도
건강의 비결일 듯한

일 두고 미루지 못하는 조급증
미루곤 좀이 쑤셔 감당 못하는
성격 탓도 천성 탓도 됨직한
허니 아프지 않고 견딜 수나 있겠는가

끙끙거리면서도 해치워야
마무리로 아픔을 상쇄시키는
요법치곤 지혜롭지 못함도
병일 듯한

아플 때는 쉬어가는 것도 지혜
아프다는 핑계 삼을 줄 아는 것도 지혜
지혜의 빈곤이 아픔의 서식지란 걸 아는 것도
치유의 지혜란 걸 아픔으로 배운다

독거시편 · 8

살은 빠져나갔는데 몸은 더 무겁다
빠져나감도 무거움도 길조는 아니다
회복이 더딤 때문이면 상관없지만
내출혈 지속이면 흉조임에 틀림없다

무악재 고개쯤 거뜬히 걸어 넘었는데
발병 뒤주째 나들이 삼갔더니
숨이 차고 다리가 모래주머니 찬 듯 무겁다
다리가 아닌 몸이 무거워서이리라

아픈 곳 없고 먹는 것도 정상
움직임도 정상인데 기운이 빠진다
기운과 함께 힘도 빠지고 기력이 쇠하다
기분 또한 내려앉는다

업을 기대하는데 다운뿐이다
정상이 아닌 소이다
변색만 제대로면 기대하는데
어쩐지 더디다

죽을 병 아닌데 기분이 먼저 주저앉는다
까짓 했던 오기도 따라 주저앉는다
늙어서려니 하면서도 털어버리지 못한 불안감
힘마저 주저앉은 독거의 변일 듯싶다

독거시편 · 9

독거의 침실엔 침대 하나에
어머님의 사진과 아내의 사진
그리고 장서들이 진열되어 있을 뿐이다

어머니는 내가 아는 어느 여인보다도
훌륭하신 한 시대와 맞서 굽힘 없이 살아오신
내가 존경하는 최고의 여인이시다

아내는 가난한 포의서생의 아내로서
오직 남편과 자식들을 위해 희생한
내가 아는 어느 아내보다도 훌륭한 여인이다

독거살이라 해봤자 고작 잠이나 자는
침실이지만 어머님과 아내가 함께 하고 있어
날마다 그날그날의 일일보고를 한다

내 존경의 표시인
어머님에게는 불효에 대해서
아내에 대해서는 고마움에 대해서

방을 나설 때 어머님과 아내에게
무탈한 하루가 되도록 다짐하고 나선다
그래야 마음이 편하고 도리일 듯싶어서다

어머니의 개척·진취적 물러섬 없었던 삶
아내의 봉사·희생의 가족애뿐이었던 삶
그런 삶 독거의 삶 기둥으로 삼고 산다

독거시편 · 10
- H

새벽 4시 기침의 신호는 에이취다
밤새 들이마신 코에 붙은 먼지들을
콧물 소독약 삼아 닦아내기 위한 자가치료다

양것들 콧소리 비음 즐기는 소이를 알 것 같다
코의 높이를 자랑하는 양코뱅이들의
H가 비음 에이취와 다르지 않은 것을

에헴으로 양반 행세하던 기침(起枕)은
구식도 순 구식이다
신식은 더러운 잠·꿈 쫓아내는 에이취다

꿈에도 선몽 있고 길몽도 있다던데
꾸느니 개꿈 차원의 악몽뿐이다
그걸 달아나게 하는 일성이 H다

콧물로 닦아내주고 악몽 쫓아내
하루를 열어준 살아있는 기침 H
그래봤자 콧대 세운 일 없는 납작코 신세지만

비염 덕에 멍코 놀이 HHH로 살아간다마는
하필이면 코가 성해 멍코 역할로
구린내만 맡고 살아야 하다니 그게 억울하다

독거시편 · 11

독거의 내 주거공간은 3층이다
지하와 옥상을 합치면 5층쯤이 된다
그중 1층을 제하곤 단독 사용이다

혼자 사는 독거공간으론 너무 넓다
넓은 만큼 허의 공간이 더 비어있을 수밖에 없는
소이로 거지중천(居之中天) 허공과 다름이 없다

존재의 현상은 다 허망하다 했던가
나는 허공 속의 사나이 귀머거리이고 장님이고
벙어리(P. 엘뤼아르)라 했던가

허사 아닌 것이 단독자의 독거조건인 허망에
허공을 삶의 조건으로 살아야 하니 뉘 있어
귀 열고 마주하고 말인들 나눠 침묵 면하겠는가

침묵을 금이라 했던가
침묵으로 살아갈 수밖에 없는 독거의 나날
허공이 금으로 축조된 성(城)이 된 소이다

독거시편 · 12

주말이면 한 주의 노고를 풀고
새로이 시작될 한 주를 위해 에너지를
충전하는 휴식일이 아니던가
여느 날보다 편히 쉬고
한가도 벗해보고 한 주의 계획도 점검하며
즐겁게 보내야 하는 하루이기도 하다

그런 하루와는 달리 할 일 손에 잡히지 않아
자리하고 상대가 없으니 침묵으로 지내야 하고
침묵 벗어나지 못하니 외롭기 그지없다
한 주가 별 할 일 없었지만
삶의 무게 벗어버리지 못한 몸에
마음은 잡사 부려 버리지 못해 한 짐이다

휴일이 되레 무게를 짐 지우는
바위의 눌림이다
우울한 짐 침묵도 무료도 한 짐
한 짐 무게에 눌려 지내는 휴일
에너지 충전은커녕 에너지 소모로
무게와 씨름하는 주말이 이러하다

독거시편 · 13
– 병상일기

내자 병석에 누워있을 때
아무것도 해줄 수 없어
꺼져가는 생명을 지켜보며
한탄했던 무기력을 다시 소환한 듯하다

위장 벽이 헐어 내출혈일 듯싶은
왕휘지의 먹물보다 더 검은 흑변
의사는 약을 바꿔 처방전을 해주었지만
여전히 못 면한 흑변에 무기력을 체험한다

빈혈기 때문인지 어지럽다
지인들은 잘 먹어야 한다고 했지만
잘 먹을 여건이 되지 못한다
독거신세니 굶지 않은 것만으로도 다행이다

그보다는 무기력과 함께 싹 가신 구미
아무리 떠올려도 먹고 싶은 게 없다
굶어서는 안 된다는 의지로 버텨보지만
위기의식을 떨쳐버리지 못한다

온몸의 피란 피 죄다 빠져나간 듯
얼굴이며 손발에 핏기가 없고 차갑다
피, 피에 물 타 쓴다 했더니
이를 알고 피가 선수를 친 모양이다

독거시편 · 14
- 병상일기

건강 즉 행복
너무 상투적인 행복론이거나
행복의 등식이다
허면 바꿔보자
행복 즉 건강
이래도 저래도 건강과 행복은
두 조건의 충족에서 비롯된다

건강을 행복의 집이라 하면 어떨까
아니면 행복을 건강의 집이라 해도 좋고
행복의 집이 건강이건
건강의 집이 행복이건
이콜은 집으로 귀결된다
집은 가족이 모여 사는 곳
행복과 건강의 동거면 논할 이유도 없다

이 등식은 이론이 아니다
체험으로 터득되는 경험론이다
아파보면 안다
건강이 행복

행복이 건강이란 것을
이를 깨닫는 일은 종종 아파보는 일
아픔도 깨닫기에 따라 행복이 되는 독거의 변

독거시편 · 15
- 병상일기

지금 일어서지 못하면
죽도 밥도 아니다
이리 얽히고 저리 얽힌 삶이란 실타래
풀 수 없음 때문이다

온몸에 감고 있는
밧줄도 되고 동아줄도 되고
어쩌면 포승줄도 될 수 있는
도끼로도 끊어내지 못할 묶임을 당하고 있다

툭툭 털고 일어선다면
더 바랄 게 없을 것 같은데
그리해야 하고 그리하지 않아서는 안 되는데
몸이 따라주지 않는다

건강한 몸은 정신의 사랑방
병든 몸은 감옥이라 했던가
보이지 않는 줄에 꽁꽁 묶인
사랑방 아닌 복당살이 독거 중이다

독거시편 · 16
– 병상일기

독거의 병상
아무도 없다
늙은 망구와 망구의 대리대상인
사자가 자리를 같이하고 있다

곁에 있어줄
여러 사람들을 소환해 본다
내자는 하늘나라에 큰딸애는 미국에
둘째는 제 직장에 아들 내외는
베트남과 제주에 있다

혈연 아닌 지연을 떠올려 본다
아무도 없다
혈연, 지연 다 동원해 봐도
달려올 사람은 없다

독거인 혼자인 소이다
아픔과도 죽음과도 홀로 싸워야 한다
싸우기보다 맞아야 한다
누구나 끝은 그리 끝나는 허무가 아니던가

독거시편 · 17
– 병상일기

독거 병석은
이중고(二重苦)다
몸과 마음이 함께 아프기 때문이다

간병인이 없으니
아픈 몸으로 이겨내야 하고
외로움까지를 다스려야 한다

간 아내가 그립고
보고 싶고 그 아픔이
육신의 아픔보다 크다

이열치열이라 했던가
이고치고(以孤治苦)는 안 될랑가
이고(以苦)와 이고(以孤)가 아이고 될 판

한 가지도 감당하기 어려운 독거의 병석
외로움만으로도 죽음에 이른다 했거늘
아픔까지면 무슨 길 있어 피하겠는가

독거시편 · 18
— 병상일기

정신은 흐트러지지 않은 것 같은데
몸은 어지럽다
몸과 마음이 하나일 듯싶은데 아닌 것 같다
그래, 건강했을 때는 몸과 마음 일심동체
아파 보니 따로따로다
어찌겠나 늙어 찾아오는 병을
맞고 맞아 벗할밖에
마음만이라도 흔들리지 않으니 어찌
다행이 아니겠느냐

살다가 아픔도 있고 슬픔도 있고
기쁨도 있듯이 몸도 그러한 것을
늙으면 약 가까이하고 의사와 벗한다는
옛분들 말씀 그르지 않음을 배운다
비록 독거 외롭고 쓸쓸한 병석이지만
건강의 소중함을 알고 옛분들 말씀도
벗하거니 어찌 외롭다고만 하겠는가
걱정해주는 자식들 있고
지인도 몇몇 있어 위로해 주니
건강은 잃었지만 실덕은 않은 듯싶기도

독거시편 · 19
– 병상일기

흑변 5일
다행히 변의 색깔이 먹에서
쑥색으로 변했다
헌 위벽이 메워져 가고 있거나
다소 출혈이 멎은 모양이다

아프면 마음이 약해지기 마련
변의 색깔이 백지장 같은 얼굴에
핏기를 뿌렸다
상기된 듯한 두 볼의 핏기가
호전의 신호처럼 얼굴을 비쳤다

금주를 고비로 여겼더니
예상이 맞아떨어졌으면 싶고
다소의 여유가 어지럼증을
완화시켜 준 것 같아
며칠 만에 기분도 업됐다

새삼 건강을 일깨워준 고마움도 없지 않다
건강에의 자만에 대한 경고쯤

경고란 게 깨달아 일깨워 줌이니
육신도 한 몫 거들고 나선 건 아닌지
며칠 만에 회복되는 일심동체 같아 싫지 않다

독거시편 · 20
- 병상일기

콧물은 시도 때도 없이 줄줄줄
흘러내리는데
시는 쥐어짜고 짜도 한 행도 드러낼
기미가 없다

쓰고 싶은 시는 발상 자체가 불투명인데
콧물은 맑은 물보다 투명하다
코마개로 코를 틀어막고
시를 쓰겠다는 어리석음일까 아타까움일까

눈 · 귀 · 코 가려움증
감각 상호간의 호소력으로 발작
발작에 질려 사는
명함도 내놓지 못하고 멍청이 신세가 된 독거의 삶

비염과 시
생리적 병과 의지적 발현의 공존
이리 반응이 서로 다르니 극과 극
떠올랐던 발상은 에취로 도망가 버린다

시를 쓰기 위해 버린 원고지 대신
주르륵 콧물 받아낸 화장지가
휴지통으로 하나 가득
알레르기 계절 병상일기 못 면한 시의 소이다

독거시편 · 21

별별 많은 약을 복용했지만
보약이란 건 단 한번도 먹어본 적이 없다
그럴 만한 여유도 없어서였지만
별로 신뢰하지 않았기 때문이었던 듯싶다
명약이라고 귀한 선물로 받은 보약도
딸애를 줘버리고 먹어본 적이 없다

목회자 신분으로 있는 아들이 신도로부터
공진단이란 보약을 선물로 받은 모양이다
20알이 들어있는데 반을 내 몫으로
챙겼다가 생각이 달라져
한 box를 주문했다며 보내왔다
고맙기도 해 먹어보고 싶어졌다

설명서를 보니 녹용·홍삼·당귀·산수유
사향·숙지황 등등 좋은 한약재는 다 들어있었다
늘그막에 무망지복이어도 좋고
효도 받는 것도 좋고 건강에도 좋고
좋은 것이 셋쯤이면 약효도 그러하지 않을지
그리 믿고 먹기로 했다

아들의 주문인즉 누나 줘버리지 마시고
꼭 드시란다
믿을만한 한방 제조약이라면서
먹어봤더니 효험도 있더란 추천품이다
면역력에 좋다니 비염에도 도움이 되려나
독거의 삶에도 효험으로 작용하려나

독거시편 · 22

주르륵
눈물 마른 지는 꽤 됐고
요즘은 주르륵
콧물이 바통터치를 한 모양이다

알레르기비염
3월부터 5월까지는
황사의 계절
꽃가루 해동 먼지와 함께 알레르기 발병시기다

눈·코·귀 가려움증에 콧물·재채기
에취까지가 주 증상이지만
늙어 버틸 힘 약해지니 머리 가려움증에
온몸 가려움증으로 번져 속대발광욕대규다

허니 도를 닦았단들 점잖을 수가 있겠는가
코로는 주르륵 콧물
입으로는 비염의 어순 바꿔
염비염비를 되풀이 연발성이다

세상의 병이란 병 다 고치는
병원 있고 약국 있는데
알레르기 비염은 속수무책
노벨의학상도 속수무책에는 속수무책인 모양

동네 이비인후과 병원 원장 왈
"그러려니 하고 사셔"가 명 처방전
가려움증 동시다발에 주르륵에 에취에
염비염비까지 독거의 삶이 이러해서

독거시편 · 23

내 독거의 공간엔 TV니 라디오니
세탁기니 전기오븐이니 하는
문명의 이기가 없다
있어도 사용할 줄 모르니 불편하다
흡사 핸드폰이 수신용 전화역할을 할 뿐
송신용이 되어주지 못함과 같다

해서 간 아내는 날 보고 원시인이라 했고
나는 원시인이 아닌 구식으로 살기라 했다
구식을 좋아하거나 신식을 싫어해서가 아닌
살다보니 구식에 익숙해졌기 때문이었을 듯싶다
세탁도 손빨래, 세탁비누를 칠해 빡빡 문질러
맑은 물이 나오도록 헹궈줘야 직성이 풀린다

직성뿐만이 아니다
오염된 생활의 얼룩, 땟자국, 독거의 남루 등이
씻겨나가는
일종의 카타르시스의 체험하는 쾌감이 싫지 않다
내의며 양말도 몸에 묻은 때, 발에 묻은 때를
씻어내고 헹궈내는 쾌감이 시원스럽다
단순히 이런 소이로 손빨래를 좋아한다

지난겨울 걸쳤던 스웨터며 도꼬리※, 조끼
두꺼운 겨울용 바지 등등
세제를 푼 물에 처넣고 온 힘을 다해
문지르고 주무르고 하는 맛이 개운하다

해묵은 한 해며 남루했던 겨울이 한꺼번에 씻겨
나가는 쾌감은 손빨래가 아니면 맛볼 수 없다

포화포화 비눗방울이 부풀어 오르고
올라 땟자국이며 얼룩들을 지울 때마다
빡빡 문질러 오물들을 헹궈낼 때마다 느끼는
구식으로 살기를 나는 좋아한다
신식 세탁기를 써본 적이 없으니
잘 길들여져 불편함이 없다

간 아내 대신 딸이 찾아와 겨울 돕바며
이부자리들의 세탁물을 챙기며 내 생활방식에
불평이 많다
많아도 나는 고집한다 불편할 것도 없고
그런 대로 익숙해져서 불편을 못 느낀다고
구식이건 독거건 부달시의가 싫지 않은 소이다

※ 도꼬리 : 긴 스웨터를 가리키는 말.

독거시편 · 24

서고 정리
미루고 미루다 감행했다
하루에도 수백 권씩의 시집이며 잡지들이
산 채로 교수형에 처해졌다
편수로 치면 수천 편씩의 분신들이
재단기의 작두날에 목이 잘려 나갔다

스스로가 자행한 분신의 살해
단두대로 시집을 보내면서
할 수 있는 말은 고작
미안하다
미안하다
미안하다뿐이었다

지하 서고까질 정리하자면
몇 날은 더 살인을 감행해야 할 것 같다
문제는 스스로의 분신뿐만이 아닌
소장하고 있는 수많은 시인들의 생명까지
피를 흘리게 한다는
공법 아닌 임의의 단독범행

시인은 완벽한 언어의 살인자였고
시인에 의해 시들은 살해됐다
용케 살아남은 시들은
국립중앙도서관이나 국회도서관에
전집이란 미명의 복당에 갇혀
종신형을 면치 못할 것이다

시를 생명으로 알고 신앙으로 구원으로 알았던
시인이 시의 살해자가 되고
종신형의 영어를 뒤집어씌우다니
시인은 언어의 히틀러요 스탈린이다
그러면서 외친다
나는 언어의 차라투스트라 독거의 시인이다

독거시편 · 25

눈 떴다 하면 기다렸다는 듯이
주르륵
콧구멍이 둘이었기에 다행이지
하나였다면 숨인들 제대로 쉬겠는가

풀고 풀고 또 풀고 다시 풀고 되풀이 코풀이
풀어버리고 나면 더러움과 함께
막힌 코 트이는 시원함도
병 주고 약 주는 격의 이 염비라니

병원장 왈 "코가 민감해서"
민감할 게 따로 있지 코가 민감해서
어디다 써먹는단 말인가, 평생을
납작코신세 못 면하고 살아온 것도 억울한데

허긴 냄새 맡는 데는 도사급
명코라 자처해 왔으니 틀린 말 아닐 듯
도사급이면 뭘 하나
구린내란 구린내만 맡아온 명코인걸

주르륵 발작중 멎으려면
5월 중순쯤은 돼야
아직도 스무여 남은 날을 독거의 날과 함께
주르륵과 싸워야

날마다 염비 염비 비염과 싸워야 하다니
그러려니 하기엔 재수없다 싶어서
어쩌겠나 비염 치료제 노벨의학상 수상이나
기다리며 살밖에 에취 에취

독거시편 · 26

에취 에취 에취 세 번이면
자동으로 주르륵 흘러내리는 콧물
'에이 더러워서' 했더니 아니었어
코의 상채기 비염에 먼지라도 달라붙으면
소독으로 닦아내기 위한 자아방어기전이
에취 에취 에취였어

에치가 자가 치료제였던 것을
H 하면 hope도 있고 happy도 있어
길조 아니던가
에취나 H의 궁합이 아리 좋을 수가
허니 밀월 즐기기 위에 찾는 hotel까지
H로 놀만하지 않는가

염비염비, 비염 탓만 하지 말고
길조 H 풀이로 동무해주면 좋을 것을
늙으면 약 벗하고 의사와 친해야 한다는데
독거의 삶 주제에 무슨 호텔
H로 에취와 친해져 hope happy 즐기고
hotel로 H와 밀월 즐김이 가당키나 하던가

독거시편 · 27

나로부터 내가 피투된다
나와 나는 타자 관계가 된다
서로 말이 없으니 존재와 존재 사이
관계와 관계 사이에 골이 파이기 마련이다

무엇으로 어떻게 메울 것인가
나와 나의 관계를 우리로 대자화하지 않는 한
골은 메워지지 않고
피차 우연일 수밖에 없게 된다

자아분열도 이중적 자아인식도 아닌
나와 내가 피투존재여야 하는
합일지향에 실패한
필연성 획득에도 실패한 나와 나

그런 나와 나를 아내는 어떻게 지켜보고 있을까
단독자가 되어버린 나와 나의 독거는 어떤 관계일까
침묵이 답이고 답이 침묵이니
실존이면서 존재무일 수밖에 없는
허무

독거시편 · 28

알약 몇 개와 방사선으로 염증 완화하기에
스프레이로 콧구멍 청소가 고작인 비염 처방

기가 막힌 것은 병원 원장의 말
"그러려니 하고 사셔"

"또 만나지 맙시다"로 답하고
병원을 나서지만 퇴원인사가 에취다

주르르륵, 도대체가 신체 어디에
콧물 저장탱크는 있는 건지

있어 수돗물처럼 흘러내리는지
수도꼭지를 죄어 잠궈버릴 처방은 불가한지

현대의학으로도 치유가 불가능한
알레르기비염

병 대접도 못 받는 하찮은 병이
에취에취 세상을 시끄럽게 한다

연신 코를 풀어대면서 하는 말
"염병할 놈의 병 비염"

비염, 어순을 바꿨더니 '염비'
우리 방언에 염병을 염비라 하지 않던가

말이 씨 된다더니 비염이 염비 되는 소이다
치료제가 없다니 '그러려니' 하고 살밖에

비염의 계절이란 게 꽃 피고 새 우는 봄철
허긴 독거 주제에 봄이면 분수 밖 같아서

독거시편 · 29

신년하례
미국에 있는 큰딸 내외와 손주 전화 외엔
전화를 받지 못했다

지인·제자·친척·이웃이 없음인지
덕을 쌓지 못했음인지
지니지 못했음인지 하는 생각이다

나도 딱히 안부나 하례를 드릴
그 누구도 없었다
그렇구나, 닫힌 독거가 이러하구나

하루종일 말 한마디 하지 않고도
침묵으로 잘 지낸다
길들여졌으니 외로울 것도 없다

단 간 아내 생각은 난다, 찾지 못했으니
고마웠고 사랑했었고
그립다고 말이라도 해두고 싶다

새해 소망은 따로 없다
나날이 무탈하고 세 끼 밥 챙겨먹으면 그만
더 바랄 것도 없으니 안분지족을 앎 아닐지

독거시편 · 30

좋은 시절
봄과 가을이면 계절병
비염으로 살맛 더럽게 하는 소이
있을 듯싶은데 아무리 따져봐도
천형을 받을 이유가 없다

타고난 체질
코가 예민해서라며 이비인후과 원장은
"그러려니 하고 사셔" 한다
그러려니 하고 살다니
말씀이여, 말이여, 소리여

안 그래도 비염앓이
염비염비 하면서 에취에취
못 면하고 콧물 훌쩍이며 사는데
'그러려니'라니, 귀가 가려워
후벼댔더니 재수 없는 소리가 소이였던 듯

활짝 핀 꽃 앞에 하고
상춘객 틈에 끼었다 꽃가루에

에취, 했더니 사시가 되어 한발 물러서기다
마치 죄인이나 대하듯이 오염의 주체나 된 듯이
가계 춘추가 천형의 계절이니 독거가 복당인 소이다

독거시편 · 31

알레르기비염이란 게
한번 발작했다 하면 콧물이 멎을 때까지
연발성 재채기에 코를 풀어대야 한다

점잖은 말로 비염이지
상스럽게는 염비다
염비도 그냥이 아닌 발작성 염비다

시도 때도 없이
눈·귀·코가 감각 상호 간의 호소력이듯
반응하는 공감각의 발작

에취에 주르륵
콧물은 어디서 봇물처럼 터져
콧구멍 쌍 수도꼭지 삼아 쏟아내는 것일까

점잖은 체면엔 보여서는 안 될
추태임에 틀림없다
천하의 양귀비가 이랬다면 당태종은 어떠했을까

미인이 똥을 싼다고 생각해보라
그리고 재채기에 콧물을 주체하지 못한다고
생각해보라

냅킨 내밀며 거두어줄
그런 애인 있을까, 있다면
하느님도 에취 하시며 지지지 하실 독거인 것을

독거시편 · 32

코 가렵고, 귀 가렵고, 눈 가렵고
머리까지 간지러운 동시다발 가려움증
에취는 필수
주르륵 콧물은 어디서 나오는 걸까?
풀어도 풀어도 흘러내리는 콧물을 닦아내며
'에이 더러워서'를 뱉어낸다

황사, 미세먼지, 압각수 꽃가루가 자극
일으키는 알레르기 반응
콧물로 닦아내고 또 닦아내도 속수무책
에취 에취가 유일한 자아방어기전이 된다
약 없는 것은 아니나 주의사항이 효용보다 많아
먹지 말라는 뜻으로 읽혀져 던져버린다

부지런히 안약을 넣어 보지만 눈은 개진개진
코는 탱탱탱, 머리는 긁적긁적, 귀는 후벼도
후벼도 가려움증으로 자동연계
온몸이 근질근질 속대발광욕대규다
짐승스럽기조차 하다
맞장구 에취가 그렇다고 답을 대신한다

앞으로 한 달여 5월 중순을 넘어야
알레르기 반응이 완화된다
그때까진 참아야, 에취에취 연발하며
버텨야 하는데 흡사 형벌같다
같은 게 아니라 형벌 자체다 독거와 함께
에취에취가 대신하는 답, 그렇단다

독거시편 · 33
― 『조선문학』 접으면서

30여 년이 넘게 해오는 일을 접었다
말로는 날개를 단 것처럼 가볍다 했지만
아픔의 무게가 납덩이었다

꼬리에 꼬리를 무는 긴장의 연속 30여 년
벗어버린 허탈은 컸다
달마다 한 층 한 층 쌓았다고 생각했던 탑

높이에 비해 초라했고 노력에 비해
금자탑이 되기엔 허술했다는 것을 깨닫는데
30여 년이 걸렸다

보람으로 내세울 것은 없지만
그렇다고 후회하거나 부끄러움은 없다
나름의 최선을 다했기 때문이다

이루어놓은 결과보다 이루고자 했던
피의 대가는 내 몫이 아닌
세상의 몫으로 남겨둔다

어쩌면 내 생애를 가장 뜨겁게 했던
내연의 불꽃은 꺼지지 않았고 그 불길로
소성시킨 나름의 주조소는 성업 중이다

끝냈다고 생각했던 것에서 다시
시작함을 출발시키고 그 마무리는
내 생의 독거와 종언을 함께 하리라

독거시편 · 34

오늘도 종일 침묵으로 지냈다
밖에 나갈 일이 없었으니
만날 사람 있을 리 없고, 만날 사람 없으니
말을 나눌 수 없었음이니 침묵의 소이가 이러하다

간간이 걸려 오는 전화 없는 건 아니지만
반가운 전화도 아니고 몇 마디로
끝나는 대화들이어서
되레 침묵보다 못한 것들이다

침묵이란 게 발설을 안 했을 뿐
마음으로는 많은 말을 한다
스스로와 나누는 말을 비롯해
간 내자와도 많은 말을 한다

다만 발성으로 하지 않을 뿐
되레 침묵의 언어를 더 많이 한다
그중엔 미처 생각하지 못했던 생각들도 들어있어
문득문득 한 행이나 한 연의 시감도 된다

어지간히 길들여져서 침묵이 낯설지 않다
쓸데없는 말, 헛소리하는 것보다야
점잖고 상소리 면해 양반 독거에
무슨 할 말이, 큰 말씀은 말이 없다 했던가

독거시편 · 35

공진단(供辰丹) 명약이라고 했다
약효는 회춘의 묘
진시황이 살아있었더라면
단골 고객이었을 듯한

아들의 효험 체험으로는
하루에 두 알씩 5일을 복용하면
'확실히'란 전제를 강조한
효험이 있을 것이라고 했다

새벽 4시 30분 공복에 복용했다
한 컵 더운 물로 치간에 낀 진약까지도
깨끗이 삼켰다
사향이 들어있다기에 기대했더니 향은 없었다

진기(眞氣)에도 좋다니 그리 믿기로 한다
또 백병(百病)이 불생(不生)한다니
이 또한 믿기로 한다
믿지 않고 기대 있단들 성취나 되던가

새벽 찬 공기에의 반응
비염의 에취를 하지 않는다
공진단 효험이 독거에도 명약이었을까
마음의 효심까지 효자돌림 효험이 됐으면 싶다

독거시편 · 36

바닷물이 썰물로 빠져나가 버리면
갯벌에 구멍을 뚫고 사는 게, 망둥어 등이
제 세상 만난 듯 뛰어나와 판을 치듯
일상사 밀어내고 여유 삼아 한가 벗하면
온갖 잡사들이 뛰쳐나와
한가는 생각들이 뛰노는 마당이 된다

어떤 것은 독거의 독이라도 풀려는 듯
구겨진 얼굴을 다듬어 펴고
어떤 것은 그리움이 도진 듯 보고 싶음이 되고
어떤 것은 아름다움이 되어 미소 짓게 하고
또 어떤 것은 부끄러움이 되어 얼굴 붉히기도
그중에 접을수록 펼쳐지는 것이 하나 있다

접힌 날엔 방목으로 살이 쪘다가
펼치면 이내 갈기 세운 준마가 되어
달려가는 그리움
천리길 에덴 파라다이스를 단숨에
질주하는 천리마
고삐 풀린 야생마로 놓아 보낼밖에

한가가 끝나면 칩거로 이어지는 독거
엄습해 오는 외로움·그리움에 묶여 영어신세
창살 없는 복당살이의 형기 없는 수인이 된다
한가가 나로부터 나를 해방시키는
행복의 영토 유토피아였던 것을

독거시편 · 37

하루에 두루말이 화장지로 풀어댄 코가
쓰레기통으로 하나씩이다
연일 에취에 주르륵 코를 풀어댄 결과다

간 아내는 일찍이 이를 알고 사다 쟁였는지
시렁 · 선반에 화장지 묶음 뭉치가
부지기수다

코를 풀어댈 때마다
"에이 더러워서"를 연발하면서도
간 아내의 배려에 '고맙소'를 연발한다

코가 헐어 염증이 있는 상처 부위에
미세먼지 하나만 들어가도
자극반응 에취에 주르륵 콧물이다

그럴 때마다 코를 풀어대고
풀어댄 코풀이 화장지가 쌓여
하루에 한 통씩 쓰레기로 치워진다

아내는 그리움·외로움을 유산으로 주고가
날마다 증식으로 주체 못하게 하더니
고마움을 대가로 지불케 할 양이었던 듯싶다

내 독거 시렁·선반에는 물론
2층 사무실 선반에도 화장지 일색이다
코를 풀 때마다 속으로 뇌는 '고맙소'를
그리움의 대가로 챙겨갈 요량이었던 듯

독거시편 · 38

5월 2일
2년 전 오늘은 깊이를 알 수 없는
절망의 카오스였다
사경을 헤매는 내자
속수무책으로 당할 수밖에 없었던
생의 종언을 앞에 하고
무기력하게 지켜보는 아픔은
형벌 자체였다

오, 하나님 내게 무슨 잘못이 있기에
무슨 죄를 지었다고 이리 형벌입니까
땅을 치고 오열해도
소천을 받아들여야 했던 아픔의
고분지통
애소도, 원망도, 한탄도, 분노도
부질없는 몸부림일 뿐
운명 앞에 주저앉아야 했던

그날의 아픔과 슬픔과 고통을
어찌 잊겠으며

어찌 세월로 접어둘 수가 있겠는가
학 한 마리 길러 달래 온 그리움
실어 보내며
가 닿을 수 없는 먼 하늘의 향수이듯
그려보는 얼굴 하나
가슴에 하고 살아야 하는 독거 비애라니

독거시편 · 39

스승이 있어서만 배우는 것이
아니란 걸 배웠다
한 제자가 하는 말
"교수님, 사모님 계실 때보다 더 즐겁고 재미있
게 사세요. 그래야 하늘나라에 계신 사모님도 좋아
하세요"

듣고 보니 그럴 듯도 했다
그간 슬프다느니 아프다느니 그립다느니
했던 말들을 다른 말로 바꾸기로 했다
"고마웠소, 그리고 감사했고, 미안했소"
바꾸고 나니 한결 마음도 가벼워졌고
밝아졌고 긍정적이 됐다

자연에서도 배우고 스승에게선 물론
어린이에게서도 배운다 하지 않던가
틀린 말 아니었다
가르치려고만 들었던 쳇병도 고치고
한 수 배우니 깨달은 바 있어 즐겁고
울증 접으니 일석삼조가 아니던가

하찮은 것에서 깨달을 줄 알고
무심했던 것 유심으로 바꾸어 볼 줄 알고
일상 속에서 터득해 배울 수 있는 일들이
다 귀하고 소중하다는 걸 배우며 산다
경전을 읽고 지식으로 배움은 누구나 하는 일
스승 없이도 배울 수 있는 독거의 체험으로 배우는

독거시편 · 40

삶의 의미
보람 가치
즐거움 지니고 산다면
행복한 삶 아닐까

행복한 삶이란
더불어 즐기며 함께 사는
보람 · 가치 · 의미의
공유 아닐까

혼자 추는 춤도 즐거울까
더불어 함께 밟는 스텝이
즐겁지 않을까
삶도 같은 스텝으로 밟는 리듬의 공유 아닐까

더불어 함께 살아가며
공유하는 삶의 공간을 가정이라 하던가
만복의 근원을 가정이라 하던데
독거도 가정이라 할 수 있을까

던진 의문들은
행복한 삶의 조건들에 대한 물음이다
물음 있으면 답도 있기 마련, 다만
독거에겐 해당사항이 없는 답이 없는 물음이다

독거시편 · 41

세상살이란 게
사는 맛도 있고 재미도 있고 신명도 있어야
살맛이 나는 법
견설고골이면 무슨 맛이 있겠는가

짠맛도 단맛도 시고 텁텁한 맛도 있어
골고루 맛봐야 세상 사는 맛
행복에 값하는 신명이나
불행 면하는 행운 같은 것도 있어야

어쩌다 짝 잃고 독거 못 면한 삶이라니
외로움, 그리움에 시달려
살맛 잃은 식불감미라니
무슨 재미로 삶을 즐긴단 말인가

웃고 살기까지 바람은 분수 밖
질질 짜고 울지는 말아야
산다는 것은 외로운 것 했던데
허사 아니란 걸 통감한다

산다고 하는 것은 날마다 쾌유되고
새로이 되는 것 그리고 회복되는 것 했던데
어쩐다 늙고 병들어 날마다 조금씩
죽어가는 것이 독거의 삶이어서

※ 견설고골(犬齧枯骨) : 개가 말라빠진 뼈다귀를 핥는다 함이니 아무 맛도 없음을 이르는 말.
※ 식불감미(食不甘味) : 근심 걱정이 많아 음식 맛을 모른다는 뜻.

독거시편 · 42

상처에 독거 독고에
하루하루 무탈이면 다행
더 바라면 노욕 아닐지

바란다고 무망지복이 들어오겠으며
욕심한다고 신명인들 찾아오겠는가
재앙이나 들어오지도 찾아오지도 않았으면 다행

곱게 늙고
곱게 살다 가면 아름다운 삶 아닐까
추하게 늙고 추하게 살다 가면 불행

행·불행 따지지도 바라지도 말고
잘 보내진 하루에 감사하면
삶에의 충실에 값함 될 듯싶어서

평범한 삶 속에
고상한 뜻 하나 기둥 삼아
안빈낙도 즐김이 분수껏 사는 삶일 듯싶어서

독거시편 · 43

자정에서 새벽으로 가는 중간쯤의
시간은 새로 2시
세상의 어둠으로 칭칭 감아 울타리치고
독거가 밝힌 등불 하나

섬으로 떠 있는 칠흑 바다의 등대
부두엔 표류에서 표류를 거듭하던
꿈 하나 정박해 있다
만선의 고독을 이기지 못해 수장 직전의 무게다

새벽까지 노를 저어가려면
파선의 꿈 몇 개를 더 노도에 묻어야 할지
고해의 도강과 다름이 없는
새벽에로의 필사의 돌진이거나 탈출인

탈출에 성공해
어둠 뒤로 하고 이침을 열면
구원의 부두라도 기다리고 있어 정박할까
고해의 독거가 기다리고 있어 출항지가 될까

독거시편 · 44

외로움으로 외로움을 가두어
울타리 둘러쳤으니
외로움을 칭칭 감고 있는 형국이다

독거가 외로운 소이이고
외로움을 벗어나지 못하는 소이이고
외로움을 굴레로 하고 살아야 하는 소이다

소이(小而) 소이 소이가 셋이니
그중 작아야 이치가 되는데 이치완 달리
대가 되고 대로 늘고 대로 거듭되는 역리다

소[牛]가 이름관 달리
등치값 대로 대가 되는 소이와
다르지 않음이다

왕방울눈에 어리는 소의 고독과 우수
독거의 고삐에 얽매어 벗어나지 못하는
고독과 우수의 삶이 소와 다르지 않는 소이다

근황 · 독거시편

2024년 8월 15일 인쇄
2024년 8월 25일 발행

지은이 / 박진환
발행인 / 박진환
펴낸곳 / 조선문학사
등록번호 / 1-2733
주소 / 03730 서울 서대문구 통일로 389(홍제동)
대표전화 / 02-730-2255
팩스 / 02-723-9373
E-mail / chosunmh2@daum.net

ISBN 979-11-6354-287-2

정가 10,000원

* 인지는 저자와 합의 하에 생략
* 잘못된 책은 서점에서 교환해 드립니다.